PEZIALSÄUBERUNGSBÜRSTE

EINHORNECHTHEITSPRÜFUN

AUSSCHUSSVORSITZENDER

DONAUDAMPFSCHIFFFAHR

GESELLSCHAFTSKAPITÄN

AUSSERIRDISCHENEMPFAN

KOMITEEFANFARENSPIELER

DINOSAURIERVORDERFUS

KRALLENMANIKÜRESET

ACHTERBAHNLOOPINGLANGZ

TESTTESTPERSON

SECU
FINISH
NACKTSCHNECKENWETTREN

AHNSICHERHEITSPERSONAL

ZEHNMETERBRETTARSCHB

BENSUPERKLATSCHER

GESPENSTERSCHLOSSB

GGRABENKROKODILGEIST

VAMPIRFLEDERMA

MÄDCHENMILCHZAHN

?
GARTENMAULWURFSHÜ

ELPLANIERRAUPENFAHRER

PIRATENSCHIFFSKANO

ENKNALLGEHÖRSCHUTZ

VIELEVIELEBUNTESM

RTIESKINDERGEBURTSTAGSPARTYS

PRAXIS
Öffnungszeiten
Mo 10 30 – 10 40
Di 14 15 – 14 25
Mi – So Ruhetag
Termine nach telegrafischer Vereinbarung !!!
DREIFINGERFAULTIERENTS
BITTE LEISE KLINGELN

URLAUB
NNUNGSMASSAGEPRAXIS

LIEBLINGSKUSCHELTIERS